CHOIX

DE

TABLEAUX

DE LA COLLECTION

de

Madame d'ANGOISSE,

Etat détaillé, raisonné et critique de ces Tableaux

par

JOSEPH GRÜNLING.

Cette Vente se fera le lundi 15 et le mardi 16 Janvier 1827, dans la grande salle de la maison BIR-CKENSTOCK, N° 93, Erdberggasse, Faubourg Landstrasse, de 10 à 1 heure le matin, en argent de convention.

VIENNE.

1827.

De l'Imprimerie de Charles Gerold.

Nous ne voulons pas faire ici l'éloge des tableaux mis en vente ; nous n'ajouterons que quelques mots sur la personne de *Nicolas François Joseph d'Angoisse*, Official à la ci-devant Secrétairerie d'Etat et de Guerre aux Pays-Bas, qui décéda le 4 Mars 1825 âgé de 57 ans. Appelé par la nature au penchant qui l'entrainoit vers les arts, il laissait rarement échapper l'occasion d'enrichir la collection de son épouse, consultant en cela plus son goût que ses avantages pécuniaires : une probité et une droiture à toute épreuve faisoient la base de son caractère, et l'amitié qu'il portoit à ceux qui cultivoient les arts étoit si grande, qu'il les aidoit souvent de tout

*

son pouvoir, même à son propre préju-
dice ; nous pourrions citer à cet égard
plusieurs traits de désintéressement qui
l'honorent, mais l'espèce de réserve et le
secret qu'il mettoit à ces actes de bienfai-
sance, nous font un devoir de respecter
le voile, dont il a voulu les couvrir.

ACKEN (Jean van).

JEAN VAN ACKEN, Peintre, naquit à Cologne en 1556, et mourut en 1600.

N°. 1. 1 P. Une sainte famille; la sainte Vierge
l'enfant Jésus sur ses genoux, St. Joseph derrière
elle tenant une draperie verte, on voit sur une
table un plat couvert des fruits, un Ange présente une fleur de lis à la Vierge. *Cette composition de six figures est connue par la gravure que
Gilles Sadeler en a fait vers 1600.*

Peint sur cuivre.

Hauteur 9 pouces, 4 lignes.
Largeur 7 — 4 —

ALBANI (François).

FRANÇOIS ALBANI, Peintre, né à Bo-
logne en 1578, mort dans la même ville en
1660.

N°. 2. 1 P. L'assomption de la Vierge. La sainte
Vierge entourée de chérubins et reçue au ciel par
des anges; vers la droite Dieu le père dans la
gloire céleste sur les nues.

Peint sur bois.

Hauteur 22 *pouces,* 4 *lignes.*
Largeur 15 — 4 —

ALLEGRI (Antoine).

ANTOINE ALLEGRI, dit: LE CORRÈGE naquit en 1494 à Corrège, dans le Modenais, et mourut dans sa patrie en 1534.

N°. 3. 1 P. Io, fille d'Inachus et d'Ismène, est aimée de Jupiter, qui vient la voir couvert de nues. *Ce sujet, dont l'invention est du Corrège, a été traité par divers maîtres distingués, une répétition pareille d'ADRIEN VAN DER WERF est connue par la gravure de F. V. DÜRMER de 1778. Jolie pièce.*

Peint sur bois.

Hauteur 21 *pouces.*
Largeur 15 —

ALTORFER (Albert).

ALBERT ALTORFER, dit en France: LE PETIT ALBERT (Dürer), Peintre, Graveur, Architecte et Bourguemaître à Ratisbonne, reçut le jour en 1475 à Altdorf en Suisse, à 15 lieues de Züric; il paroit maintenant décidé que cette opinion de Sandrart sur le lieu de naissance de notre artiste d'ailleurs constatée par *Zani, Vol. VII. pag.* 68, soit la vraye, et que *le*

Peintre - Graveur, Vol. VIII. pag. 41, **et ceux** qui ont puisé de lui, étoient en erreur de lui donner Altdorf en Bavière près de Landshut pour son lieu de naissance. Ses tableaux ne le cèdent guère à ceux de son maître Albert Durer pour le mérite, et sont effectivement plus rares, et par cette raison très peu connus. L'année du decès de notre artiste n'est pas encore vérifiée.

N°· 4. 1. P. La sainte famille à la belle fontaine. La Vierge assise dans un fauteuil s'appuie sur le bassin d'une belle fontaine, du milieu de laquelle s'élève une colonne composée de cinq statues et surmontée de deux divinités, elle a les cheveux flottants et est vêtue d'un habit rouge, l'enfant Jésus tout nu sur son bras droit, joue avec des anges et chérubins, qui nagent dans le bassin, ou qui sont occupés à jouer de divers instrumens. St. Joseph vu à mi-figure est à la droite, il porte un habit bleuâtre, tient un bâton de la main droite, et présente des fruits à la Vierge. Cette composition se trouve sur le devant de la vue d'Altdorf, beau et grand bourg de Suisse, chef-lieu du canton d'Uri et ville natale de Guillaume Tell. On y voit en détail les maisons, tours, églises et les vieilles fortifications, le pont et le lac qui est bordé par les grandes montagnes qui s'élèvent à l'horizon. Vers la gauche du bas, on lit sur une large tablette: *Albert Altorfer pictor Ratisponensis in salutem âci hoc tibi munus diva.*

maria sacravit corde fidele 1540. Cette tablette autographe du maître est peinte en grisaille, et soutenue par un ange, à côté d'un homme âgé qui parait en dévotion. On apprend par cette inscription qu'Altorfer a peint cette belle pièce pour l'église de son lieu de naissance, et probablement à fin d'accomplir un voeu qu'il avoit fait à la Vierge dans une maladie grave. Nous sommes instruits par des sources solides et à l'abri de tout soupçon, que cette pièce était placée depuis des siècles dans une chapelle à l'étranger, et qu'elle s'est égarée pendant des tems orageux pour satisfaire à des besoins pressants. *Tableau d'un tel degré de perfection de son tems, qu'il ne laisse rien à désirer, et qu'il mérite de fixer toute l'attention des amateurs.*

Peint sur bois.

Hauteur 21 *pouces,* 6 *lignes.*
Largeur 14 — 4 —

BREDAÏL (Pierre van).

PIERRE VAN BREDAÏL, Peintre et Directeur de l'Académie de peinture à Anvers, naquit en 1630 dans cette ville, il se ferma quelque tems en Espagne, et se plaisait à peindre plusieurs tableaux dans le goût de Breughel d'Enfer, qu'il imita parfaitement, et où l'on retrouve la même imagination fantastique; son coloris est très-beau et harmonieux, si

son génie s'était exercé sur des sujets plus éle-
vés, ses tableaux laisseraient *peu à désirer*. Son
fils Jean Pierre mourut vers 1733 à Vienne au
service du Prince Eugène de Savoie, dont il
peignit les batailles de Peterwardein en 1716,
et celle de Belgrade en 1717.

N°. 5. 1 P. La tentation de Saint Antoine; il est
placé au milieu dans une grotte, les mains jointes
et priant devant un livre ouvert, posé sur une
tête de mort, devant lui un crucifix, à ses pieds
le cochon avec la clochette. Sur le devant vers
la gauche le démon sous la figure d'une jeune
femme, le bras et le sein nus. Il tient des vases
précieux et d'autres objets de valeur dans un
drap-bleu. Une foule de monstres hideux de
toutes formes, tant d'hommes que de bêtes et des
carricatures chimériques se trouvent éparpillées
tant autour qu'au-dessus du Saint, en divers
grouppes et attitudes bizarres et grotesques; les
vertus, les vices des hommes, leurs arts, sont
travestis sous mille emblêmes burlesques et outrés.
Voilà d'abord un peintre avec de longes oreilles,
une palette attachée à son côté, il souffle avec un
soufflet dans le derrière d'un musicien tout nu,
apuyé sur une bequille et jouant d'une flûte, formée d'un os de mort; des monstres de formes de
bêtes suivent ce grouppe qui est éclairé par la
lanterne d'un écrivain accompagné d'une vieille
femme qui lui présente une feuille de papier.
Vers la gauche, une figure coëffée à l'Acteon

semble annoncer avec une crécelle l'arrivée d'un cortège d'autres démons, qu'on aperçoit du côté gauche à travers la voûte de la grotte. Des combats de diables et gnomes avec des serpens et monstres dans les airs forment le haut du tableau.

Peint sur toile.

Largeur 42 pouees, 2 lignes.
Hauteur 29 — 3 —

CRANACH (Luc.).

LUC. CRANACH, Peintre, né en 1472 à Kranach, petite ville de l'Evêché de Bamberg en Franconie, a laissé un nombre considérable d'ouvrages d'un grand fini, quoique fort peu correctes dans le dessin et d'un goût gothique. Il mourut en 1553.

N°. 6. 1 P. Adam et Eve représentés debout près de l'arbre de vie. Eve prend de la main droite la pomme que le serpent lui a présenté.

Peint sur bois.

Hauteur 21 pouces, 3 lignes.
Largeur 15 — 6 —

DYCK (Antoine van).

ANTOINE VAN DYCK, Peintre et Graveur à l'eau-forte; né à Anvers, en 1599, mort à Londres en 1641. Elève de P. P. Rubens pour la peinture. Il est hors de doute que cet artiste ainsi que son maître a répété souvent le même sujet, ce qui n'empêche pas que ces *répétitions de sujet* ne soient *bien originales.*

N°. 7. 1 P. Dalila trahissant Samson; elle est étendue sur un lit vers la gauche, une vieille femme derrière elle tire un rideau. Samson attaqué de quatre Philistins, dont un tient une étoile du matin, et les autres des cordes. *Cette composition est connue par la gravure en manière noire de J. Männl, d'après le dessin de Ch. Lauch, sur un grand tableau de 8 pieds, 1 pouce de largeur, et 5 pieds de hauteur. Beau tableau.*

Peint sur toile.
Largeur 23 pouces.
Hauteur 17 — 3 lignes.

DUCQ (Jean le).

JEAN LE DUCQ, dit: DUCK le jeune. Capitaine exerçant également le métier des armes et la peinture, né à la Haye en 1636, et y florissant vers 1671. Artiste d'un très grand mérite, qui a livré des ouvrages tant *d'une touche pateuse,* que d'un *faire transparent et plein de chaleur.*

N°⁵. 8 et 9. Deux sujets militaires. L'un, une composition de huits figures, deux soldats jouent aux cartes à une table près de l'officier et de l'aubergiste qui les regardent, dans le fond on voit trois autres soldats dont deux boivent, et le troisième est endormi ; un paysan apporte un plat ; vers la droite et sur le devant on voit des manteaux, des cuirasses et d'autres armatures. — La seconde pièce est également une composition de huit figures : un Cavalier richement vêtu d'un habit rougeâtre, appuie la main sur un casque placé sur une table, à sa droite un page près de lui et derrière lui un vieillard ; cuirasse et caisse à ses pieds : on apperçoit dans le fond autour d'une table cinq joueurs aux cartes *Très beaux tableaux de la main de ce maître ; peintes dans la pâte.*

Peintes sur toile.

Largeur 23 pouces, 5 lignes.
Hauteur 18 —.

HÉEM (Jean David de).

JEAN DAVID DE HÉEM, Peintre, naquit à Utrecht en 1600, et mourut en 1674.

N.º 10. Des huitres, des raisins et un citron entamé et d'autres fruits sur un plat de porcelaine posé sur une table de marbre.

Peint sur bois.

Largeur 19 pouces, 3 lignes.
Hauteur 14 — 6 —

HOLBEIN (Jean).

JEAN HOLBEIN, Peintre, né à Bâle en 1498; il se perfectionna de lui-même, étant né avec d'heureuses dispositions, il peignait et dessinoit de la main gauche; Holbein comblé de gloire et de biens, mourut de la peste à Londres en 1554.

N°. 11. Les âges du Sexe depuis l'enfance jusqu'a la matrone, représentés dans un groupe de-sept figures debout sur un gazon. *Bon tableau.*

Peint sur bois.

Hauteur 36.— Largeur 28.

JORDAENS (Jacques).

JACQUES JORDAENS, Peintre, naquit à Anvers en 1594, et mourut en 1678 dans cette ville.

N°. 12. 1 P. Un vieillard couronné à grande barbe; vu de face, il a une mine riante et tient un gobelet avec du vin rouge de la main gauche.

Peint sur toile.

Hauteur 15 pouces, 3 lignes.
Largeur 13 — 5 —

LELY (Pierre).

PIERRE LELY, dit: PIERRE VAN DER

FAAS, ou FIOR DI GIGLIO, Peintre, Graveur et Amateur; écolier de P. F. Grebber. Peintre de la Cour de Charles I. Roi d'Angleterre, et plus tard sous l'usurpation de Cromwell il excelloit dans le genre des portraits. Né à Soest en Westphalie en 1613, il florissait à Londres, où il mourut en 1680.

Nᵒ 13. 1 P. Une jeune dame anglaise vue de face et tournée vers la droite, un négligé de satin blanc couvre lestement son sein et son bras droit, ses cheveux flottent sur l'épaule. *Beau tableau.*

Peint sur toile.

Hauteur 22 pouces, 4 lignes.
Largeur 15 — 4 —

LEYDE (Luc. de).

LUC DE LEYDE, Peintre à l'huile, en détrempe et sur verre, également Graveur au burin, naquit à Leyde en Hollande en 1494, et mourut non sans soupçon de poison, en 1533 âgé de 39 ans. Jamais peut-être peintre ne montra dès l'enfance, des dispositions plus heureuses que ce grand homme, à l'âge de neuf ans, il exerçait déjà l'art, et se livra sans bornes et sans mesure à l'étude. Hugues Jacobsz et Corneille Engelbrechtsen furent ses premiers maîtres. On lui payoit ses ouvrages à de très-hauts prix, et même à des sommes énormes pour son tems, ce qui lui était d'autant plus nécessaire, qu'il avait un grand penchant pour le faste et la bonne chère, il aimait la dépense en général et fit équiper un navire à ses frais pour son voyage aux Pays-Bas. A Middelbourg, à Gand, à Malines et à Anvers il donna aux artistes qui y résidaient des fêtes, et chaque repas lui coûtoit soixante florins; il ne portait que des camelots de soie jaune où de drap d'or. Albert Dürer fut son ami et alla le voir à Leyde, il le considéra comme son émule et une noble rivalité, entièrement exempte de tout sentiment d'envie, régnait entre ces deux grandes artistes.

N°· 14. 1 P. La sainte Vierge vue à mi-corps, un voile léger et transparent sur la tête, est entourée de rayons d'or. Elle est assise sous une voûte d'architecture formée tant de marbre et de mosaïque, que de broderie et de tapisserie, et richement ornée de guirlandes et de vases. Elle est vêtue d'une robe bleuâtre et d'un manteau rouge flottant en grands et beaux plis. L'enfant Jésus la tête également entourée de rayons d'or et assis sur ses genoux tient une poire; vers la droite on voit deux anges, dont un est couronné. Le groupe se trouve derrière une pierre de couleur verte qui s'étend de toute la largeur du tableau, et sur laquelle se voit une poire et une grappe de raisins bleus. Sur le devant sont deux anges avec des ailes de couleurs d'Iris, l'un vu de face jouant de la guitare et vêtu d'un habit bleuâtre est assis; l'autre tournant le dos et portant un habit jaune, présente un oeuillet au petit Jésus. Dans le fond vers la gauche un homme en buste fixe son attention sur ce groupe; *c'est le portrait du peintre qui s'est placé dans ce précieux tableau; cette tête a servi pour la gravure du portrait de Luc. de Leyde faite par J. de Geyn, vers 1610.* Le coloris piquant et extraordinaire et la finesse du pinceau rangent ce fameux tableau au premier rang des productions originales de cet artiste dans les premières galeries. *En outre les peintures de ce maître et surtout en si brillant état et de si parfaite conservation, sont de la plus grande rareté. Pièce ceintrée.*

Peint sur bois.

Hauteur 35 pouces.
Largeur 28 —

MABUSE (Jean de).

JEAN DE MABUSE, Peintre fameux de la Hollande; naquit vers 1500 à Maubeuge, dans le Hainault, quelques auteurs le nomment *Jean Gossart;* cet artiste, ami et émule de Luc de Leyde, égala presque ce maître, et ses peintures sont aussi rares que celles de Luc. Nous avons peu de notices de son tems, si ce n'est que ses portraits considérables passèrent en grande partie en Angleterre; à Middelbourg où à l'arrivée de Luc de Leyde, ce dernier donna à son confrère un festin splendide. Mabuse mourut en 1562.

N°, 15. 1 P. Portrait présumé d'être celui de Catherine Bora, épouse de Martin Luther; elle est vue presque de face avec des cheveux courts, une sorte de drap blanc et brodé entoure sa tête, une chemise avec une chemisette est autour de son sein, un habit noir serre son corps; ses bras ont de larges manches blanches et elle tient gracieusement de la main droite la chaine d'or qu'elle à autour de son cou.

Peint sur bois.

Hauteur 14 *pouces,* 5 *lignes.*
Largeur 9 —

MALLERY (Charles de).

CHARLES DE MALLERY, Peintre, Dessinateur, Graveur et Négociant de gravures, florissait vers 1630 à Anvers. *Artiste* peu connu comme *Peintre*, jouissant d'une grande considération chez ses contemporains; son portrait, peint par A. van Dyck, a été gravé plusieurs fois.

N^{o.} **16 et 17.** DEUX PIÈCES. Les pompes funèbres de l'Archiduc Albert et de l'Infante Isabelle, son épouse, Seigneurs des Pays-Bas. — Albert VII, Archiduc d'Autriche, étoit le sixième fils de l'Empereur Maximilien II et de Marie d'Autriche, il naquit le 13 Nov. 1559, et reçut son éducation du célèbre Busbec; comme il avait embrassé l'état ecclésiastique, le Roi d'Espagne lui conféra en 1594 l'archevêché de Tolede; ayant rendu au Pape son chapeau de Cardinal en 1598, il épousa l'Infante Claire-Eugénie, fille du Roi Philippe II. d'Espagne et d'Elisabeth de France: il furent reconnus pour Seigneurs des provinces des Pays-Bas. Albert étoit un Prince d'esprit, vigilant, bon et pieux, il mourut sans postérité le 13 Juillet 1621; son corps embaumé et revêtu d'un habit religieux fut exposé sur un lit de parade, ainsi qu'on le voit sur le tableau orné de nombre de figures. — Aussitôt qu'Isabelle s'en vit privée, elle prit pour jamais un habit religieux des plus simples et fit voeu publiquement de vivre désormais selon la règle du Tiers-ordre de St. François; elle ordonna qu'on l'enterra dans cet habit après son decès, qui eu lieu le 1 Décembre 1633 à l'âge de 67 ans. Son corps fut exposé dans la chapelle de la cour; ce qui est représenté sur le second tableau, pendant du premier et également orné de nombre de figures. *Le nom du peintre se trouve sur ce second tableau.*

Peintes sur toile.
Largeur 38 pouces.
Hauteur 31 —

MAZZUOLA (François).

FRANÇOIS MAZZUOLA, dit: LE PAR-MESAN, né à Parme en 1505, et mort a Casal-Maggiore en 1540.

N°. 18. 1 P. La sainte Vierge, représentée par une jeune femme et vue presque par le dos, elle tient l'enfant Jésus qu'elle caresse des deux mains; *on a joint à cette pièce une copie moderne et la gravure de Jos. Longhi, faite en 1785 d'après notre tableau.*

Peint sur toile.

Diamètre de l'ovale
9. 2. sur 7. 4.

MENGS (Raph. Ant.).

RAPH. ANT. MENGS, Peintre de Charles III., Roi d'Espagne, né à Aussig en Bohème le 12 Mars 1728; mort le 29 Juin 1779, à Rome.

N°. 19. 1 P. La sainte Vierge en extase sur ses bras l'enfant Jésus endormie, ce dernier tient une petite croix de la main droite et une pomme de la main gauche; la Vierge est enveloppée d'un manteau bleu; un voile léger descend de sa tête. *Jolie Pièce.*

Peint sur toile.

Hauteur 26 pouces.
Largeur 22 ——.

RUBENS (Pierre-Paul).

PIERRE-PAUL RUBENS, Peintre, étoit fils de Jean Rubens, professeur en droit et échevin de la ville d'Anvers; il recut le jour en 1577 à Cologne, et mourut affligé d'un tremblement de main, et de la goutte, le 30 Mai 1640, à Anvers.

N°· 20. Etude hardie de cinq têtes d'hommes; quatre vieillards et un jeune homme, dont deux regardent en haut et trois en bas. *Morceau ébauché avec esprit et feu.*

Peint sur bois.

Largeur 22 pouces.
Hauteur 18 —

ROSA (Salvator).

SALVATOR ROSA, Peintre, Graveur à l'eau-forte et Poëte, né à Renella près Naples en 1615, mort à Rome en 1673; il passa de l'école de François Francanzoni dans celle d'Andello Falcone. Il connut la misère et se vit d'abord réduit à exposer ses tableaux dans les places publiques. Par l'amitié de Lanfranc et sous la discipline de l'Espagnolet il trouva de l'encouragement et fit sous peu de grands progrès; il peignait avec fierté et très rapide-

ment, et il dessinait ordinairement d'après nature
et devant le miroir ; ses paysages portent un
caractère toujours gigantesque et sauvage, quelque fois même bizarre, ses marines, ses déserts
et sujets composés de figures de soldats sont
les plus recherchés et ses chef-d'oeuvres. La
peinture ne fut point son unique occupation, il
composoit des satires et des sonnets plein de
finesse et de sel. *Cesare dalle Ninfé* imita ces
tableaux parfaitement bien, et plusieurs en cir-
culent dans le commerce sous le nom de notre
peintre ; les productions de *Ferrajuoli* et de
Montanini en approchent déjà moins que celles
de *Cesare.*

N°· 21. 1 P. Un grand vaisseau de commerce à
deux mâts, dont celui du devant est brisé, se voit
vers le côté gauche de la pièce et occupe le devant du tableau. La mer est fort grosse et le vaisseau est sur le point d'être submergé par la tempête, les voiles, pavillons et mâts sont violem-
ment agités par les vents. Une foule de matelots
tâchent de se sauver, y travaillent encore, d'autres
nagent ou ont péri dans les ondes ; une douzaine
d'autres ont atteint des rochers hauts et escarpés
du côté droit et s'y sauvent. Quelques-uns tâchent de tirer le bâtiment vers ces rochers. Le
fond de la mer commence à se calmer et les nua-
ges s'éclaircissant au milieu de la pièce, laissent
entrevoir de rochers pointus. Vers la droite sur

le devant se lit sur un débris de rocher au bord de la mer : *Salvator Rosa pinxit 1666. Bonne Pièce.*

Peint sur toile.
Largeur 41 pouces.
Hauteur 28 —

SEGHERS (Daniel).

DANIEL SEGHERS, Jésuite ; reçut le jour à Anvers en 1590 et commença à étudier la peinture sous Breughel, dit : de Velours. Il entra de bonne heure chez les Jésuites en qualité de frère ; son noviciat fini, il reprit la palette et mourut en 1660 âgé de 70 ans.

N°. 22. 1 P. Une guirlande de roses, tulipes, jacintes, lis blancs, belles-de-jours et d'autres fleurs, orne un bas-relief, où est représenté la déese Céres assise sur les nues ; elle est accompagnée de deux génies voltigeants.

Peint sur toile.
Hauteur 33 pouces, 5 lignes.
Largeur 26 —

TÉNIERS (David) le jeune.

DAVID TÉNIERS, le jeune, fils de David Téniers l'aîné, étoit Peintre à la cour de l'Archiduc Léopold Guillaume, Gouverneur des Pays - Bas, dont la collection de tableaux précieux qui se trouvoit à Bruxelles fut réunie depuis vers 1657 à la galerie I. et R. de Vienne; il naquit en 1610, à Amsterdam, et mourut en 1694 à Bruxelles.

N°. 23. 1 P. Une cuisine garnie, sur la gauche un baril et presqu'au milieu sur une élévation un pot, un plat, un chaudron; des plats et des huches renversées sur le pavé; deux paysans sont assis sous la porte dont l'un fume. *Bonne pièce.*

Peint sur bois.
Hauteur 13 pouces, 4 lignes.
Largeur 11 —

N°. 24. 1 P. Grande composition de plus de quarante figures, représentant un groupe de paysans qui s'amusent à danser et à boire devant une auberge, un paysan placé au milieu du tableau joue de la cornemuse.

Peint sur bois.
Largeur 29 pouces.
Hauteur 20 —

VLIET (Jean ou Isaac-Georges van).

JEAN VAN VLIET, Peintre et Graveur; né à Delft dans le commencement du 17. Siècle; élève de *Rembrand.*

N°. 25. 1 P. Un vieillard couvert d'un bonnet fourré et assis vers la droite à une table, devant une lumière, il est occupé à écrire dans un livre: on voit vers la gauche un globe et un livre ouvert;

au haut quelques pots et volumes. *Cette pièce est
gravée par le même maître sur une planche de
6 p. 6 lig. de hauteur, sur 4 p. 9 lig. de largeur.
Voyez son catalogue page 85. N°. 5o.*

Peint sur bois.
Hauteur 7 pouces.
Largeur 5   —

TABLEAUX

*attribués à différents maîtres, avec plus
ou moins de fondement.*

AMBERGER (Christophe).

N⁰. 26. 1 P. Portrait d'un homme, couvert d'un
bonnet et vu de trois quarts; il est
vêtu d'un habit fourré, un camisol
rouge couvre son sein.
B. H. 14. *L.* 5.

BAALEN (Henri van).

27. 1 P. Répos en Egypte.
C. L. 15. *H.* 12.

BARBIERI (J. F. dit: Le Guerchin).

28. 1 P. St. Antoine de Padoue caressant l'enfant Jésus.
T. H. 37. *L.* 28.

BERGEKHEYDE (Josse).

29. 1 P. Troupeau avec des pâtres.
B. L. 22. 6. *H.* 16.

BEGYN (Abraham).

N°· 30 et 31. 2 P. Paysages animés de figures.
T. L. 39. H. 24.

BLECKER (G.)

32. 1 P. Des paysans se divertissent dans un paysage.
T. L. 49. H. 35. 5.

BENT (Jean van der).

33 et 34. 2 P. Sujets d'animaux.
B. H. 21. 9. L. 16. 3.

BRACKENBURG (Rénier).

35. 1 P. Réunion de trois paysans dans une chambre.
B. L. 11. H. 8. 6.

BREUGHEL (Jean); dit: de Vélours.

36. 1 P. Paysage avec un fleuve, des navires et barques.
B. L. 15. 6. H. 9. 8.

BRUYN (Théodor).

37. 1 P. Paysage montagneux avec un château.
B. L. 12. 9. H. 10. 3.

BRUN (Charles le).

38. 1 P. La Samaritane.
T. H. 15. 4. L. 11. 8.

BOUCHER (François).

N°. 39. 1 P. Une bergère endormie.
S. L. 6. H. 6. 3.

BOUDEWYNS (Ant. Franç.)

40 et 41. 2 P. Paysages ornés de figures.
B. L. 10. H. 6.

CASANOVA (Franc.).

42 et 43. 2 P. Paysages au clair de lune.
T. L. 27. 6. H. 22. 2.

CLOMP (Albert).

44. 1 P. Un troupeau dans un beau paysage. Bn.
T. L. 22. 6. H. 77. 6.

COSTER (Adam).

45. 1 P. Une mascarade.
B. L. 22. H. 18. 9.

DAVID (Jacques Louis).

46. 1 P. Un portrait, marqué David à Paris.
B. oval. H. 12. 4. L. 10. 2.

DIECHTEL (Chrétien).

47. 1 P. Jeune paysan assîs.
T. H. 9. 2. L. 9. 1.

FEMYNCK (Jean); peintre peu connu.

48 et 49. 2 P. Paysages avec figures.
T. L. 11. 6. H. 9. 6.

2 *

FYT (Jean).

N°· 50. 1 P. Chasse au sanglier, très-grand tableau.
T. L. 92. H. 61.

GIORDANO (Luca).

51. 1 P. Une tête de femme.
T. H. 10. L. 7. 6.

GOYEN (Jean van).

52. 1 P. Vue d'une ville de Flandre.
B. L. 11 6. 9. 6.

GONDELACH (Mathieu).

53. 1 P. Tobie, dans un paysage boisé.
T. B. 24. H. 18. 6.

GRYEF (Antoine).

54 et 55. 2 P. Des chiens de chasse et du gibier dans deux paysages.
B. L. 9. 5. H. 7.

HOET (Gerard).

56 et 57. 2 P. La nativité. — L'adoration des mages.
B. L. 19. H. 14. 3.

HONDECOTTER (Melchior).

58. 1 P. Deux oiseaux de proie dans une campagne.
T. H. 49. L. 39.

HONDIUS (Abraham).

Nº· 59. 1 P. Une chasse.
B. L. 23. *H.* 17.

HONDHORST (Gérard).

60. 1 P. Groupe de deux figures ; une vieille
lisant et une autre près d'un chat, *une
de ces deux figures est connue par
la gravure de P. MEYER à Vienne
de* 1792.
T. L. 40. *H.* 32.

KARNER (Louis); Russe, sourd
et muet, m. 1822.

61. 6 P. Portrait de l'Empereur François I., et
du Prince héréditaire Ferdinand ; une
tempête, d'après Loutherbourg ; une
Madelaine d'après Füger, et deux filles
d'après Lampi.
Div. Mes.

KONINGH (Philippe de).

62 et 63. 2 P. Vue d'Amsterdam et de Leyde.
B. L. 24. 6. *H.* 18. 6.

KNUPFER (Nicolas de).

64. 1 P. Cyrus rend Panthée à Araspe.
B. L. 19. 3. *H.* 13. 4.

Maîtres anonymes.

65. 1 P. Paysage.
T. L. 33. *H.* 23.

Nᵒ 66 et 67. 2 P. Saints avec des auréoles. Pièces anciennes et rares.
B. H. 57. L. 20.

68. 1 P. La sainte famille, du Corrège.
T. H. 13. L. 10. 5.

69. 1 P. Le Sauveur.
T. Pièce ronde. D. 6.

70. 1 P. La Vierge entourée d'anges.
T. H. 12. 7. L. 7. 10.

71. 1 P. Très-grand tableau d'autel.
T. H. 115. L. 75.

72 à 77. 6 P. Les Césars romains.
T. H. 37. L. 33.

78. 1 P. Sᵗᵉ Cécile touchant du clavecin.
T. L. 43. H. 38.

79 et 80. 2 P. Paysages.
B. L. 11. 6. H. 15. 6.

81. 1 P. Paysage.
T. L 11. 3. H. 7.

MAAS (Théodore).

82 et 83. 2 P. Différents chevaux.
B. L. 14. 6. H. 10.

MOLENAER (Jean), Meinze.

84. 1 P. Cinq paysans en conversation.
B. L. 11. H. 9. 2.

MOUCHERON (Isac).

N° 85 et 86. 2 P. Paysages avec figures.
B. H. 25. *L.* 19. 6.

NETSCHER (Gaspard).

87. 1 P. Une dame flamande.
B. H. 16. 6. *L.* 12. 6.

POUSSIN (Nicolas).

88. 1 P. L'enlèvement de St. Paul.
T. H. 50. *L.* 40.

POUSSIN (Gaspard).

89. 1 P. Paysage.
T. H. 28. 6. *L.* 26. 6.

POTTER (Paul).

90. 1 P. Un troupeau, *on voit ce tableau à Paris et dans une galerie à Vienne, la gravure de Jacques Couché y est jointe.*
T. L. 23. 6. *H.* 19. 8.

REGILLO (J. A.).

91. 1 P. Huss dictant la loi.
T. L. 41. *H.* 36.

REMBRAND (van Rhyn).

92. 2 P. St. Philippe baptisant l'Eunuque de la reine de Candace, *on en connaît une*

gravure de 1804 d'après un dessin de cette composition fait par C. G. F. DIETRICH.

T. H. 36. L. 39.

RHENY (Guido).

N°. 93. 1 P. La Vierge dans les nues.

T. H. 36. L. 27.

ROOS (Henri).

94. 1 P. Bouc et chèvres couchés près d'une haie.

B. H. 12. L. 7. 10.

95. 1 P. Un troupeau près d'une ruine.

T. L. 50. 8. H. 36.

ROTARI (Pierre comte de).

96. 1 P. Jeune fille endormie.

T. H. 21. L. 17. 2.

ROTTERHAMER (Jean).

97. 1 P. La Vierge avec l'enfant Jêsus.

C. H. 8. 6. L. 6. -

98. 1 P. Bachanal de nymphes et de satyrs.

T. L. 45. H. 35.

SCHAUFFLEIN (Jean).

99. 1 P. Sainte Cathérine.

B. H. 36. L. 24.